SOCIÉTÉ DE GÉOGRAPHIE DE LISBONNE

# LES COMMUNAUTÉS DES VILLAGES À GOA

MÉMOIRE PRÉSENTÉ À LA 10ᵉ SESSION

DU

CONGRÈS INTERNATIONAL DES ORIENTALISTES

PAR

C. R. DA COSTA

M. S. G. L.

LISBONNE
IMPRIMERIE NATIONALE
1892

# LES COMMUNAUTÉS DES VILLAGES À GOA

SOCIÉTÉ DE GÉOGRAPHIE DE LISBONNE

# LES COMMUNAUTÉS DES VILLAGES À GOA

MÉMOIRE PRÉSENTÉ À LA 10ᵉ SESSION

DU

CONGRÈS INTERNATIONAL DES ORIENTALISTES

PAR

C. R. DA COSTA

M. S. G. L.

LISBONNE

IMPRIMERIE NATIONALE

1892

# PRÉFACE

Ce travail n'est que le premier chapitre d'un autre travail plus développé qui a été publié en 1889, sur l'*Évolution du système représentatif*. Je vois dans les COMMUNAUTÉS DES VILLAGES la première organisation politique qu'on trouve dans toutes les sociétés de l'origine aryenne, c'est pourquoi je me suis reporté à cette institution pour y chercher les origines du système représentatif des peuples modernes.

Les COMMUNAUTÉS DES VILLAGES ont fait l'objet d'études très sérieuses par des savants illustres comme mr. Sumner Maine, et par des fonctionnaires anglais qui, tous les jours, répandent tant de lumière sur la constitution des sociétés indiennes; cependant il me semble qu'il pourra être de quelque avantage pour la science européenne de connaître l'organisation et le fonctionnement de pareilles institutions dans les domaines portugais de l'Inde, où on trouve des documents très importants pour l'étude des institutions primitives des hindous, telles qu'elles y étaient à l'époque de la première invasion des peuples de l'Europe moderne.

Le *Coutumier (foral) de l'année 1526 sur les communautés des villages*, d'Alfonso de Mexia, à ce temps-là surintendant des finances de toute l'Inde portugaise, a sanctionné les usages hindous, tels que les fonctionnaires portugais durent les trouver au temps des premières conquêtes dans l'Inde, qui ont précédé seulement de quelques années la date du célèbre la coutumier. Partant il me semble qu'on doit le regarder comme un élément d'un intérêt capital pour l'étude des institutions orientales, principalement à cause des ressemblances tout à fait remarquables qu'on saisit quand on fait une étude comparative de ce document avec des anciennes lois hindoues, telles que le Côde de Manou, et avec les observations des fonctionnaires anglais sur des différentes parties de la vaste péninsule indienne.

C'est à ce point de vue que j'ose présenter au congrès des savants orientalistes, qui bientôt aura lieu à Lisbonne, ce modeste travail, accompli d'une façon toute sommaire et écrit dans un but très restreint, uniquement désireux de faire connaître à la science européenne l'existence d'un document portugais qu'il me semble, reste encore inconnu des savants étrangers qui s'occupent des études sur l'Orient.

Lisbonne, 1892.

*C. R. da Costa.*

## Les communautés des villages à Goa

Lorsqu'on compare les constitutions de l'Europe moderne, l'esprit saisit du premier coup la frappante ressemblance qui les rapproche les unes des autres. Si l'on remonte à leurs origines respectives, ces ressemblances se rapprochent de plus en plus, en sorte qu'on est naturellement amené à conclure à une parenté primitive du système.

Et en effet, si l'on examine le droit public et les coutumes de l'antiquité, si franchissant les barrières de l'Himalaya, vous interrogez l'histoire de la péninsule hindoustanique, vous y trouverez la source commune de toutes les constitutions des peuples de la race indo-européenne.

«Toutes les fois que l'état primitif d'une race aryenne nous est révélé par des documents historiques ou par des débris de ses anciennes institutions, dit mr. Sumner Maine [1], l'organe qui correspond dans ce groupe élémentaire à ce que nous appelons *la législature* est parfaitement reconnaissable. C'est le *Conseil de Village* tantôt responsable, tantôt irresponsable de la corporation entière des villageois, tantôt rejeté au second plan par l'autorité d'un chef héréditaire, mais jamais entièrement annihilé. De cet embryon sont sorties les plus célèbres législatures du monde: à Athènes, l'ἐκκλησία; à Rome, les *comices*, le *Sénat* et le *prince;* chez nous le *Parlement,* type et aïeul de toutes les

---

[1] Mr. Sumner Maine. — *Étude sur les institutions primitives.* — Trad. de mr. de Leyritz.

*souverainetés collégiales* du monde moderne, ou, en d'autres termes, de tous les gouvernements où le souverain pouvoir est exercé par le peuple ou partagé entre le peuple et le roi.»

«Si, laissant la famille, dit-il encore ailleurs, — nous «passons au groupe qui la suit de près dans l'organisation «primitive des sociétés, c'est-à-dire à cette combinaison de «familles réunies en une plus vaste agrégation, à laquelle «je ne puis donner pour le moment de nom plus appro- «prié que celui de *communauté de village,* — nous nous trouvons incapables d'acquérir l'intelligence des exemples qui en subsistent encore, avant d'avoir constaté que dans l'enfance des idées, loin de distinguer entre eux les divers pouvoirs législatif, judiciaire, exécutif, on les regardait comme un seul et même pouvoir. L'esprit ne voyait aucune différence entre faire une loi, édicter un règlement, juger un criminel, rendre une sentence, prescrire une ligne de conduite à un fonctionnaire communal. On considérait tout cela comme l'exercice d'un pouvoir unique dont quelque individu ou un corps entier était dépositaire...

«Partout où l'on porte ses investigations, sur ce système immortel des *communautés de village* qui fut plus tard le monde hellénique, — sur ce groupe de *communautés de village* riveraines du Tibre, qui, devenu empire légiférant, a exercé plus d'influence sur les vieilles coutumes qu'en en faisant sa proie; — enfin sur ces sociétés merveilleusement complexes dont nous faisons partie, et où l'on sent encore l'influence latente dans la fonte des idées modernes, des notions primitives issues de la famille et du village; l'unique moyen, j'ose l'assurer, d'acquérir l'intelligence de ces collectivités humaines, c'est de reconstruire dans son esprit, par la synthèse des idées spécifiques modernes qui en dérivent, les notions génériques confuses de l'époque primitive [1].»

Suivant la clairvoyante opinion du savant anglais, la

---

[1] Sumner Maine. — *Loc. cit.*

*communauté de village* est donc la première organisation politique des peuples de race aryenne, et le *Conseil du Village* le noyau embryonnaire d'où est issu tout le système représentatif des sociétés modernes. Par conséquent, pour bien comprendre l'évolution du système représentatif, il devient nécessaire de connaître l'organisation et le fonctionnement de la *communauté de village*, cette forme sociale primitive, où nous pouvons découvrir les lointains rudiments de toute la civilisation moderne, et surprendre nos idées et nos institutions à leur aurore.

L'Inde offre un champ inepuisable pour cette enquête; dans les plaines luxuriantes où serpentent le Djamna et le Gange a commencé le développement de la civilisation de la première société aryenne devenue sédentaire; des monuments précieux qui y sont restés intacts offrent des matériaux inappréciables pour la reconstitution de l'histoire des institutions sociales des aryas primitifs. Le procédé de l'analyse inductive y devient facile grâce à l'observation des documents vivants, échappés aux ravages du temps et au hasard des revolutions qui ont constitué les sociétés modernes.

Le système des communautés de village est une forme sociale commune à toute l'Inde; les hindous n'ont pu atteindre aux conceptions supérieures de l'État et de la nation. Sésostris, Alexandre, Sandracottus, l'Angleterre ont dominé successivement l'Hindoustan, mais leur action est restée invariablement trop faible pour changer les mœurs des populations soumises. Chaque conquérant de l'Inde a cherché à y implanter — même par la force — ses propres institutions et ses coutumes, mais si l'hindou subit le joug, il demeure invinciblement attaché à ses croyances et à ses traditions.

La culture brahmanique qui absorba toute l'activité intellectuelle de l'arya-hindou, présente deux caractères frappants, fils conducteurs de toute l'évolution du monde védique: la prépondérance de l'idéalisme et le sentiment de l'exclusif.

Devenus les maîtres du domaine spirituel, les brahmanes remplacèrent bientôt au sommet de la hiérarchie sociale les *Kchatrias*, guerriers, qui après avoir conquis le territoire, s'étaient abandonnés à la mollesse, à l'insouciance et au plaisir. Ce fut là un phénomène tout naturel : la suprématie du talent l'emporta sur le vieux prestige des armes. Mais, hélas ! une fois les maîtres moraux de la société indienne, les brahmanes usèrent en égoïstes de leur victoire. Ils enrayèrent, ils étouffèrent au profit de leur caste le développement social. Théologien avant tout, le brahmane donna toute son attention aux recherches scolastiques et féeriques ; il travailla sur des formes idéales, écartant soigneusement du champ de son étude le monde pratique auquel il ne touchait que pour le façonner suivant des formes préconçues. Désireux de pousser jusqu'aux dernières conséquences l'avantage de son triomphe, le brahmane inventa le système exclusiviste des *castes* avec des barrières infranchissables, et il s'adjugea à lui-même la première place, plus éloignée des hommes non-brahmanes que des dieux !

Dès ce moment c'en était fait de la société indienne ; aucun progrès organique n'était plus possible dans un milieu ainsi constitué. Le caractère idéaliste de la culture brahmanique rendit impossible le développement des conceptions politiques ; le système exclusif des castes arrêta l'évolution naturelle des institutions sociales primitives, désormais incapables de revêtir une forme plus large. Ainsi s'immobilisèrent dans l'Inde les anciennes institutions aryennes ; ainsi s'explique la pétrification qu'on y constate aujourd'hui du système archaïque des communautés de village.

« Il n'y a réellement dans l'Inde d'autre unité que celle du village, — dit un historien distingué, — chaque commune contient, outre les propriétaires fonciers, douze classes d'habitants : le juge et magistrat *(potail)*, le régisseur, le gardien du lieu et des champs, le distributeur de l'eau pour l'arrosage, l'astrologue pour prédire les jours et les heures fastes et néfastes, le charron, le potier, le blanchisseur du peu de vêtements qu'on y porte (et qui sont ordinairement confectionnés dans les familles mêmes ou achetés dans les marchés voisins); le barbier, l'orfèvre ou fabricant de la parure des femmes, lequel est quelquefois remplacé par le poète de l'endroit, qui est aussi le maître d'école. Ces douze employés reçoivent leur salaire en terre ou en une certaine quantité de blé, fournie par les agriculteurs de la commune. L'Inde toute entière n'est qu'un corps immense, formé de ces petites républiques. Les habitants de chacune d'elles obéissent aussi en temps de guerre à leur *potail,* qui est tout à la fois magistrat, receveur et fermier principal. Ils s'inquiètent fort peu de la chute ou du démembrement des empires. Pourvu que le lieu qu'ils habitent et sa banlieue exactement fixés par des bornes ne souffrent point de changement, ils voient avec indifférence la souveraité passer en d'autres mains; l'administration intérieure n'en reste pas moins la même. »

Cette belle description permet de se faire une idée assez claire de l'organisation politique de l'Inde, malgré l'interprétation peut-être inexacte que l'auteur paraît donner du fait, au demeurant si bien constaté.

Les colonies portugaises de l'Inde conservent encore des monuments très précieux pour la reconstitution de l'histoire de l'organisation des communautés de village. On y trouve des associations, aujourd'hui devenues simplement agricoles, douées d'une organisation et d'un fonctionnement qui frappent par leur remarquable concordance avec les témoignages fournis, — à l'égard d'institutions analogues répandues dans toute la péninsule, — soit par les anciens codes hindous, soit par les informations rapportées par les fonctionnaires anglais qui ordinairement possèdent une profonde connaissance des services administratifs de l'Inde. Suivant ces témoins, les communautés indiennes représentent des corporations d'individus associés pour la possession et la culture collective des terres.

Dans l'orient, de même qu'en occident, la caractéristique fondamentale du système des communautés de village réside dans l'occupation de la terre en commun.

Un volume très intéressant publié par le gouvernement de Madras, sous le titre de *Documents sur le droit de Mirasi*, renferme quelques anciens vers *commémoratifs* (c'est le nom qu'on leur donne) racontant comment les *Vellalee* (probablement une tribu aryenne), suivirent leur chef dans le Jondeimandalam, région qui correspond à celle occupée maintenant par une ville celebre dans l'histoire moderne de l'Inde : Arcate.

«Les Vellalee firent la conquête du territoire, massacrèrent ou réduisirent en esclavage les habitants qui les avaient devancés, et prirent définitivement possession du sol» raconte la prêtresse, — car ces lignes sont attribuées à une femme qui compare cette invasion à l'écoulement sur une surface plane du jus de la canne à sucre ! «Le jus se cristallise, dit-elle ; les cristaux sont les diverses *communautés de village*. Au centre des cristaux on voit un *morceau de sucre plus beau* que les autres ; c'est à cette place que s'élève le temple du dieu [1]. »

Cette curieuse image résume toute l'histoire de la formation originale des communautés de village, et donne l'explication d'une série de phénomènes qu'on observe dans leur organisation sur le territoire des possessions portugaises de l'Inde.

Quand les portugais firent la conquête du pays de Gôa, ils y trouvèrent les terres divisées entre plusieurs collectivités, exclusivement administrées par des villageois. Un certain nombre d'entre elles, ramassées autour d'un grand temple, constituaient une unité supérieure — la province. Le village qui renfermait le temple divin était probablement regardé comme la capitale, car il y siégeait une assemblée provinciale ou chambre générale, investie des premières fonctions gouvernementales ; puisque nous ne

---

[1] Voir Sumner Maine. — *Institution primitives*.

croyons pas qu'on puisse prendre pour une simple coïncidence ce fait que les capitales actuelles des provinces portugaises s'élèvent précisément là où étaient autrefois situés les principaux temples des hindous. Les aryas qui envahirent le Koncan, agirent naturellement comme les vellalee d'Arcate. Ils «firent la conquête du territoire, massacrèrent ou réduisirent en esclavage les habitants qui les y avaient devancés, et prirent définitivement possession du sol»; ensuite ils partagèrent le territoire entre les groupes d'individus (peut-être rapprochés par des liens familiaux) dont chacun composa une communauté de village.

Le système de l'association domestique reste encore le *modus vivendi* des familles indiennes, il est la base même de tout le droit civil hindou. La communauté de village, forme sociale immédiatement supérieure à la société domestique, y emprunta les premiers éléments de son organisation; le régime du bien en commun demeura la pierre angulaire de la constitution de cette société politico-rurale, le système des castes qui dominait dans les relations familiales donna naissance à la distinction des communautés brahmaniques ou celles de kchatrias, à l'exclusion complète de tout individu d'une caste dans la communauté de l'autre, comme on peut encore constater aux Indes portugaises.

Des idées qui dominaient toute la vie des hindous durent agir puissamment sur la constitution de leurs communautés de village. Il est possible, il est probable que les liens de parenté aient été pris en considération au moment du partage des terres conquises, mais cela ne fut qu'un fait particulier à l'occasion; le caractère fondamental de l'association villageoise reposa, non sur la parenté, mais sur l'exploitation de la terre en commun. Nous ne retrouvons aucune trace du principe de la parenté comme base de ces associations. Si les liens de famille purent disparaître de leur constitution, c'est qu'ils n'y jouèrent pas un rôle capital. Dans la société domestique, le chef, ou le *pater familias*, détient toute l'administration des biens dont il peut disposer librement, grâce à sa *patria potestas*; dans la communauté de village, au contraire, l'administration et la disposition des terres communales appartiennent au conseil formé par tous les cultivateurs. La société domestique est de caractère privé, la communauté de village représente la première association politique.

Le célèbre code de Manou contient quelques *slocas* qui éclairent admirablement les origines de cette nouvelle constitution : «Que le roi essaye de conquérir ce qu'il convoite avec le secours de son armée; par sa vigilance, qu'il conserve ce qu'il a gagné; en le conservant qu'il l'augmente par les modes légaux; lorsqu'il l'a augmenté qu'il le *répande en libéralité*[1].» Ainsi les terres conquises par l'armée royale «se cristallisent en communautés de village» suivant l'image de la chanteuse des Vellalee de Madras.

«Le don fait à un homme qui n'est point brahmane n'a qu'un mérite ordinaire; il en a deux fois autant, s'il est offert à un homme qui se dit brahmane; adressé à un brahmane avancé dans l'étude des Védas, il est cent mille fois méritoire; fait à un théologien consommé, il est infini[2].»

«Que le roi délibère avec um brahmane d'un haut savoir et le plus habile de tous ses conseillers sur l'importante résolution qu'il a prise relativement aux six articles principaux[3]».

«Quil *lui communique avec confiance toutes les affaires*, et après avoir pris avec lui une détermination finale, qu'il mette alors la chose à exécution[4]».

Voilà comment les brahmanes qui ne coopérèrent pas directement à la conquête s'immiscèrent dans le partage du territoire et y obtinrent souvent la part du lion. Conseillers du roi, ils récoltent ses grâces; serviteurs du dieu,

---

[1] *Code de Manou* — Sloca 101, livre 7º.
[2] *Code de Manou* — Sloca 80, liv. 7º.
[3] *Code de Manou* — Sloca 58.
[4] *Code de Manou* — Sloca 59.

ils n'ont pas à craindre la résistance des kchatrias, incultes et superstitieux.

Le roi conservait la souveraineté sur le territoire conquis et en tirait certaines taxes, les villageois en gardaient l'usage et l'administration à titre de tributaires du souverain.

«Qu'il fasse percevoir son revenu annuel dans tout son domaine par des commis fidèles, qu'il observe les lois dans ce monde, qu'il se conduise comme un père avec ses sujets[1]....».

«Pour deux, trois, cinq ou même cent villages, suivant leur importance, qu'il (le roi) établisse une compagnie des gardes commandés par un officier de confiance, et chargé de veiller à la sûreté du pays[2]. Qu'il institue un chef pour chaque commune *(Grâma)*, un chef de dix communes, un chef de vingt, un chefe de cent, un chefe de mille[3]. Le chefe d'une commune doit lui-même faire connaître au chef de dix communes les désordres tels que vols ou brigandages, à mesure qu'ils ont lieu dans sa juridiction, lorsqu'il ne peut pas les réprimer ; le chef de dix communes doit en faire part au chef préposé pour vingt, etc.... Les choses que les habitants d'une commune sont tenus de donner tous les jours au roi, telles que riz, boisson, bois de chauffage, doivent être perçus par le chef d'une commune pour ses émoluments[4]».

«Les affaires de ces communes, soit générales, soit particulières, doivent être inspectées par un autre ministre du roi, actif et bien intentionné[5]. Dans chaque grande ville *(nagara)* qu'il nomme un surintendant général, d'un rang élevé, entouré d'un appareil imposant, semblable à une planète au milieu des étoiles[5]. Ce surintendant doit sur-

---

[1] *Code de Manou* — Sloca 80, liv. 7º.
[2] *Code de Manou* — Sloca 114, liv. 7º.
[3] *Code de Manou* — Sloca 115, liv. 7º.
[4] *Code de Manou* — Sloca 118, liv. 7º.
[5] *Code de Manou* — Sloca 121, liv. 7º.

veiller toujours lui-même les autres fonctionnaires, et le roi doit se faire rendre un compte exact par ses émissaires de la conduite de tous ses délégués dans les differentes provinces [1] ».

Toutes ces prescriptions légales tirent une grande importance et de leur source classique et du rapprochement qu'on peut en faire avec la narration relative à l'établissement des Vellalee de Madras. Nous y trouvons des temoignages officiels sur l'organisation de tout le système des communautés indiennes.

Après la conquête, le roi procède à la distribution des terres entre les sociétés kchatrias et des brahmanes, il conserve la suzeraineté et reçoit le tribut de chaque localité. Un certain nombre de villages se rassemblent et forment une unité plus étendue : la province, où le roi envoie des fonctionnaires plus gradés ; bientôt on verra cette organisation très exactement reproduite dans les colonies portugaises de l'Inde.

A l'époque de leur conquête, les portugais trouvèrent à Gôa l'institution des communautés avec les villages tributaires de l'Idalkan (prince suzerain du Konkan jusqu'à l'invasion des armées d'Alfonso d'Albuquerque).

Une fois maîtres du pays, les portugais durent suivre l'exemple de tous les conquérants qui les avaient devancés ; ils reconnurent les communautés de villages, leur garantirent les mêmes privilèges et leur imposèrent les mêmes obligations que le prince indigène. Les communautés devinrent ainsi tout simplement tributaires des nouveaux dominateurs : ce fut uniquement une substitution de suzeraineté.

Tous les vainqueurs de l'Inde ont suivi invariablement la même politique ; tous ont dû respecter les traditions des peuples vaincus, reconnaître leurs institutions, n'y rien changer et se borner à jouir du tribut habituel, à l'exem-

---

[1] *Code Manou* — Sloca 122, liv. 7ᵉ.

ple des anciens rois hindous, dont parlent si souvent les livres de Manou.

S'ils eussent voulu d'avantage, s'ils eussent médité une réforme sociale, les conquérants étrangers se fussent peut-être heurtés à une résistance d'une force incalculable, car ils n'auraient pas eu facilement raison de tant de millions d'hindous attachés superstitieusement à leurs croyances et à leurs coutumes. Pour maintenir ceux-ci dans l'indifférence, il a fallu que la transition fût insensible, que l'action des nouveaux venus s'exerçât discrètement.

Ainsi s'explique la soumission des indigènes à la domination étrangère et la quasi-perpétuité du système des communautés des villages dans l'Hindoustan.

Le gouvernement portugais reconnut l'organisation des communautés du pays de Goâ par le *contumier du 16 septembre 1526*[1] qui sanctionna les privilèges des communautés et en fixa les obligations et les contributions dues à l'État. Ce document capital permet de reconstituer la situation économique et sociale de cette contrée à l'époque de l'invasion portugaise. Presque tout le territoire s'y trouvait divisé en villages groupés exclusivement par le lien des communautés qui en avaient l'administration. Chaque village renfermait des parcelles cultivables, des pâturages et des terrains vagues ou en friche. Les villageois comme les seuls maîtres, y exploitaient le sol en commun. Arrivé à l'âge de puberté, chaque enfant mâle devenait «citoyen», pourrait-on dire, et avait part aux revenus nets *(jonos)*.

Les femmes n'avaient aucun droit dans la communauté; les droits des familles éteintes sans succession masculine faisaient retour à la collectivité. L'étranger au village ne pouvait acquérir ni propriété ni droit dans l'association commune.

Les terres données à cens ne pouvaient être aliénées sans le consentement préalable de l'assemblée villageoise,

---

[1] **Foral de Affonso de Mexia**, de l'année 1526.

parce que la communauté jouissait du droit de préférence, comme l'État pour ses domaines donnés en emphytéose dans les législations europeennes.

La population du village se composait des cultivateurs-maîtres et des différentes classes de serviteurs, à savoir : le gardien du lieu et des champs, le distributeur d'eau pour l'arrosage, le potier, le blanchisseur, la bayadère, (dans les villages où se trouvait um temple), etc.... Ces serviteurs publics, engagés par la communauté, recevaient d'ordinaire comme rétribution certaines portions de terres arables.

Les villageois se gouvernaient eux-mêmes suivant des usages ou des coutumes conservés par la tradition depuis des siècles. Ils réglaient de concert les affaires locales dans une assemblée du village *(gancaria* ou *gamponna* comme l'appellent les goanèses). De cette humble assemblée devaient sortir tous ces grands corps représentatifs qui constituent le système politique des sociétés européennes.

Tous les villageois *(gam-cars,* maîtres du village), arrivés à l'âge de la puberté étaient admis dans l'assemblée et pouvaient prendre part à la discussion ; cependant, le vote ne dépendait pas du nombre des assistants, mais bien de celui des représentants des familles qui avaient composé primitivement la communauté. Tous les descendants de même souche des premiers villageois associés ne représentaient que la voix unique du fondateur de la famille. De même, le nombre légal pour la constitution de l'assemblée ne dépendait point des membres présents, mais de la représentation d'un certain nombre de familles primitives, ou bien, d'un nombre déterminé de titres communaux *(vangors)* des premiers associés, conformément au chiffre fixé par des statuts spéciaux à chaque communauté. Chacune des familles issues des fondateurs de la communauté représentait donc à l'assemblée du village une seule individualité, ou plutôt un seul *vangor* ou titre communal.

La principale fonction de l'assemblée du village était économique ; les associés délibéraient sur la culture, sur la destribution des eaux, sur le fermage des terres, et sur l'engagement et la rétribution des serviteurs publics; ses décisions portaient aussi sur quelques travaux locaux et sur l'entretien du culte.

Les sujets étaient examinés et votés en séance publique et valables si le nombre légal des titres communaux était représenté, à raison d'au moins un membre pour chaque famille en possession d'un titre primitif.

En principe, l'assemblée faisait elle-même sa police, il n'y avait point de présidence; tous les villageois présents pouvaient prendre part à la discussion, et n'importe lequel des assistants jouissait de la prérogative de rappeler à l'ordre ses pairs quand le débat s'égarait ou dépassait les bornes d'une juste mesure; dès que ce rappel était lancé, la coutume ordonnait que la discussion s'arrêtât et que l'assemblée fît silence jusqu'à ce qu'on eût obtenu le calme dans les esprits.

Le bureau de l'assemblée se composait simplement d'un *greffier,* nommé à vie par les villageois et souvent avec le droit de transmettre cette fonction à ses héritiers. Le greffier rédigeait les *accords* de l'assemblée, gardait les archives de la communauté et réglait l'ordre du jour. Il veillait aussi au maintien de la police; il paraît même que les greffiers remplirent primitivement cette dernière attribution plutôt en qualité d'associé que de fonctionnaire, car ils étaient choisis d'ordinaire parmi les villageois, peut-être même les plus en vue, à cause de l'importance de leurs attributions. Toutefois, le greffier n'était au fond qu'un serviteur de la communauté; conséquemment, jamais il ne pouvait revendiquer le droit de présider l'assemblée, comme d'aucuns l'ont prétendu.

Sans doute, rédacteurs des délibérations d'une assemblée où il n'y avait aucun moyen de saisir la suite des discussions, gardiens des archives communes, chargés de régler l'ordre des débats, et jusqu'à un certain point la police parlementaire, et d'autre côté exerçant les fonctions de receveurs et de comptables à l'égard des fonds de la communauté, les greffiers tentèrent à plusieurs reprises de s'attribuer un pouvoir autocratique dans le village, et de jouer le rôle présidentiel dans l'assemblée. Mais ce furent là des faits accidentels et qui ne parvinrent jamais à altérer la constitution communale. L'assemblée des villageois resta toujours essentiellement homogène; elle ne connut ni la distinction des fonctions, ni aucune différence entre ces membres. Un adolescent de quinze à seize ans y avait les mêmes droits que les hommes vieillis dans la pratique des affaires, sa voix pouvait même prévaloir sur celle de ces derniers s'il représentait à lui seul un titre communal.

Il pouvait arriver, — dans un village où le nombre légal des titres requis par les statuts pour la constitution de l'assemblée était de quatre, — que l'assemblée fût impuissante à fonctionner avec trente ou quarante villageois appartenant à la même branche, tandis qu'elle était apte à délibérer avec quatre membres représentant quatre titres différents.

Ce fait qui, au premier abord, semble anormal, avait cependant sa raison d'être à cause de l'organisation spéciale de la famille indienne. Admettant tous les villageois dans l'assemblée, les hindous garantirent une pleine liberté à la discussion et à la manifestation de l'opinion sur la direction des affaires communes; mais si l'assemblée délibérait sur les affaires publiques du village, elle incarnait surtout l'administration économique. L'assemblée du village affermait les terres cultivables en lots qu'elle mettait aux enchères parmi les villageois, seuls capables pour concourir à la licitation. Puis, les frais de l'administration couverts, les associés se partageaient l'excédent des revenus. Or, comme tout le droit civil hindou reposait sur le système de l'association domestique, les intérêts de tous les descendants d'un chef commun se confondaient. Il fallait donc prévenir la possibilité d'un accord secret entre les membres d'une ou deux familles, pour prendre dans l'assemblée des décisions contraires aux intérêts des autres associés, ou pour se faire bailler des terrains à un prix dérisoire.

En exigeant la représentation des titres primitifs pour la constitution de l'assemblée, et en comptant les voix par ces titres au lieu de les compter par le nombre des votants, les statuts communaux ont eu précisément pour but d'empêcher toute fraude de ce genre.

L'assemblée du village, comme nous l'avons constaté, exerçait principalement l'administration économique de la communauté. Les fonctions du gouvernement proprement dit relevaient d'une autre assemblée supérieure qui réglait l'administration civile et judiciaire des villages englobés dans une circonscription plus étendue: la Province.

Les livres de Manou rappellent souvent l'organisation de la province indienne par le rapprochement d'un certain nombre de villages. D'après le législateur hindou, les rois devaient, en raison de l'importance de chaque lieu, placer des fonctionnaires de différents grades et d'une hiérarchie supérieure dans les diverses circonscriptions administratives de leurs domaines. Ces fonctionnaires veillaient au maintien des prérogatives royales [1].

On se rappellera que la chanteuse de Vellalee de Madras narre comment plusieurs communautés de village se sont groupées autour d'un village plus important, lequel renfermait le temple du dieu. Or, dans le pays de Goa, on constate les traces d'une constitution absolument analogue; plusieurs communautés y sont rassemblées pour former la province, et dans la province le village le plus considérable — où probablement existait le temple métropolitain — jouait le rôle de chef-lieu.

Dans cette capitale se réunissait un corps représentatif central comprenant deux députés de chacun des villages de la circonscription provinciale.

C'est là un fait essentiel. Pour la première fois, nous constatons l'existence d'un organisme social plus vaste que celui qu'abritait l'enceinte du village.

---

[1] *Code de Manou*, liv. 7° Sl. 114 à 118.

Au-dessus de l'*assemblée du village,* nous retrouvons l'*assemblée de la province* ou plutôt *le conseil général* comme l'appelle le *Coutumier d'Alfonso de Mexia de l'année 1526,* qui a sanctionné les usages hindous dans les possessions portugaises.

L'assemblée de la province offre tous les caractères d'un corps représentatif distinct. La communauté de village représentait l'association des villageois, maîtres collectifs du sol, dont l'assemblée se bornait à gérer les intérêts économiques. La province représentait la confédération de plusieurs villages rassemblés par des intérêts mutuels, nécessitant un gouvernement central, lequel était exercé par une assemblée investie de tous les pouvoirs soit judiciaires, soit administratifs, soit législatifs.

En général, l'action de l'assemblée pravinciale s'étendait à toutes les affaires n'ayant point un caractère exclusivement local : comme tribunal judiciaire, elle réglait les procès ; comme pouvoir exécutif, elle tenait la tête de l'administration civile et de la police de toute la province ; comme corps législatif, elle imposait à chaque communauté, selon son importance et ses ressources, des contributions destinées à couvrir les frais généraux de l'administration et le paiement du tribut exigé par le suzerain.

Des traits caractéristiques distinguaient la constitution de l'assemblée villageoise d'avec celle de l'assemblée provinciale !

Dans la première, il n'y avait pas un nomble fixe de sièges, puisque tous les enfants mâles arrivés à l'adolescence y étaient admis, mais, rappelons-le, on ne comptait les voix que par les titres originaux des premiers fondateurs.

Dans l'assemblée provinciale, au contraire, le nombre des sièges était limité, il était toujours double du nombre des villages groupés ensemble ; les voix étaient comptées non par tête, mais par le chiffre des communautés représentées.

Au fond, le même principe dominait dans les deux corps

politiques des Aryas-Hindous, puisque chaque famille n'avait qu'une voix à l'assemblée de village, et chaque village une voix à l'assemblée provinciale.

Le fonctionnement réciproque des diverses assemblées politiques des États-Unis de l'Amérique septentrionale donne une idée assez approximative des rapports mutuels existant entre les assemblées hindoues. Commes les parlements particuliers de chaque État de la confédération américaine, les assemblées des villages délibéraient exclusivement sur les choses locales. De la même manière que le congrès américain, l'assemblée provinciale indienne gouvernait les affaires de la confédération. Enfin, de même que le sénat de Washington comprend deux membres par chaque État, de même l'assemblée supérieure était composée chez les Hindous de deux délégués par village.

Certes, l'anologie que nous invoquons ici n'est pas parfaite : on ne saurait l'exiger de faits et d'hommes si éloignés les uns des autres et par le temps et par les lieux. On ne pent espérer découvrir dans une société primitive et toute rudimentaire des institutions politiques amenées au même degré de perfection que chez une des nations les plus civilisées du dix-neuvième siècle.

Au surplus, pour mesurer l'abîme qui sépare la constitution nord-américaine de l'organisation indienne, il suffit de rappeler que les parlements des États américains ou le congrès fédéral sont des corps expressément législatifs (sauf pour le cas exceptionnel des procès politiques de l'*impeachment* où ces assemblées fonctionnent comme tribunaux judiciaires), tandis que les assemblées représentatives des villageois indiens n'ont pas même soupçonné la notion de la séparation des pouvoirs.

Toutefois, n'y a-t-il pas entre les fondements de ces deux institutions une ressemblance lointaine ? Il est permis de l'affirmer, et notre comparaison nous paraît de nature à amener l'esprit du lecteur européen, médiocrement familiarisé avec les choses indiennes, à mieux comprendre, par ce rapprochement un peu forcé, le passé de l'Orient.

Enfin, pour extérieures que soient ces ressemblances, elles n'en sont pas moins un témoignage intéressant des liens qui unissent les conceptions politiques les plus modernes aux antiques institutions aryennes.

Le système des communautés agraires de l'Inde portugaise est le type modèle d'institutions semblables retrouvées chez tous les peuples de la race indo-européenne.

Mr. Sumner Maine fournit une très précieuse description de l'organisation des communautés teutoniques, telle qu'on a pu la constater sur différents points de l'Europe.

« Il paraît, dit l'auteur du *Village-communities in the East and West,* que les anciennes communautés agricoles teutoniques telles qu'elles ont existé dans la propre Allemagne, étaient ainsi organisées : elles se composaient d'un nombre de familles fixées, avec une propriété commune, dans un district divisé en trois parties. Ces trois portions étaient le *Mark* de la ville ou village, le *Mark* commun ou inculte, et le *Mark* arable ou superficie cultivée. La communauté habitait le village, retenait le *Mark* commun en possession commune, et cultivait le *Mark* arable partagé en lots attribués à chacune des familles de la communauté.

« Chaque famille était librement gouvernée dans le village par son chef ou *pater familias.* L'enceinte de l'habitation domestique ne pouvait pas être violée, même par les représentants de la loi, parce que le *pater familias* faisait lui-même les lois pour l'intérieur et qu'il n'y reconnaissait pas les lois faites au dehors.

« Mais pendant qu'il ne subissait aucun contrôle — quant aux membres de sa famille, — il était soumis à des règles très compliquées vis-à-vis des chefs des autres familles. La sphère des usages ou de la coutume n'atteignait pas le seuil de la famille, elle n'englobait que les relations d'une famille avec une autre ou avec la totalité de la communauté.

« Si nous nous bornons aux relations de la propriété, nous trouvons que les droits du chef ou (ce qui est la même chose) les droits de sa famille sur le *Mark* commun sont contrôlés ou modifiés par les droits de chacune des autres familles. C'est une stricte propriété en commun, aussi bien en pratique qu'en théorie. Quand le bétail passait l'herbe commune, ou quand le chef de famille coupait le bois dans la forêt commune, un fonctionnaire élu ou héréditaire était chargé de voir si le domaine commun était également profitable à tous.

«Mais les relations de propriété du chef de la famille qui nous intéressent le plus, sont ses relations à l'égard du *Mark* arable... On trouve presque invariablement les terres cultivées de la communauté de village divisées en trois grands champs dont chacun n'était ensemencé et moissonné qu'une fois tous les trois ans.

«Le champs de culture n'étaient pas, cependant, labourés en commun. Chaque chef retenait le lot de sa famille dans chacun des trois champs et il le cultivait par lui-même ou par ses fils ou esclaves. Il ne pouvait pas cultiver selon son caprice; il devait l'ensemencer pour la même moisson que le reste de la communauté et devait laisser son lot inculte avec les autres [1]...»

Tous ceux qui connaissent l'organisation intérieure des communautés de l'Inde portugaise constateront avec étonnement la similitude de leur constitution et de celle des communautés occidentales. Ici comme là, le *pater familias* est l'autocrate *in domo*, mais il est partout également entouré d'un ensemble de droits et d'obligations dans ses rapports avec les co-propriétaires. Dans les villages orientaux ainsi que dans les villages occidentaux, les terres sont ensemencées et cultivées suivant des règles et à des époques fixes, communes à toute l'association, et aux deux extrêmes elles sont également partagées en trois classes et ne doivent être employées qu'à une production déterminée

---

[1] Sumner Maine, *Village-communities in the East and West*, pag. 78 et 79.

par les statuts communaux. Ici comme là, un fonctionnaire, élu ou héréditaire, avait la police du village. Bref, les Aryens de l'occident aussi bien que les Aryens de l'orient, en dépit de la diversité des temps et des lieux, ont traversé la même phase sociale primitive.

Toutefois, les conditions propres à chaque milieu devaient entraîner des conséquences différentes. A notre grand regret nous ne pouvons suivre le savant professeur anglais dans toutes ses investigations sur le système agraire des communautés teutoniques, car notre travail se borne à étudier les anciennes communautés de village sous leur aspecte politique. Mais, cependant, nous ne résisterons pas au désir d'indiquer quelques-unes des dissemblances observées entre l'organisation occidentale et orientale, puisqu'aussi bien nous avons commencé par noter les ressemblances.

Mr. Summer Maine affirme que dans les communautés teutoniques, le *Mark* arable était loti entre les familles villageoises. Or, il n'en allait pas précisément de même dans l'Inde où les terres cultivables étaient périodiquement mises aux enchères. Certes, il arrivait maintes fois que les mêmes lots restaient indéfiniment, et pour un loyer invariable, aux mains d'une même famille, mais cela n'était que la conséquence de la restriction du droit de licitation, droit exclusivement réservé aux villageois, seuls maîtres du village. Il tombe sous le sens que d'ordinaire les familles s'épargnaient entre elles, car si les membres d'une même maison avaient tenté, soit par surenchère, soit par toute autre moyen, de se faire adjuger le champ du voisin que celui-ci souhaitait conserver, ils eussent risqué de subir de justes représailles au tour de la licitation de leur propre lot. Le système collectiviste exige de mutuels égards et de mutuelles concessions.

Les mêmes lots restaient donc pendant plusieurs années aux mains de la même famille, mais ce fait ne constituait aucun droit à l'occupation indéfinie du sol. Il n'était que le résultat d'une entente réciproque. Aussi, aux époques légales, les terres n'en étaient-elles pas moins soumises à la formalité d'un nouveau bail par droit d'enchère.

A ne regarder que superficiellement, on pourrait croire que les lots, finissant par s'éterniser entre les mêmes mains, s'étaient transformés en propriété particulière. Ce serait une grave erreur. La terre hindoue est toujours restée la propriété inaliénable des associés. Le droit et le devoir de procéder à une licitation périodique étaient même la principale charge dévolue à l'assemblée villageoise, comme la faculté de prendre part à l'adjudication était le privilège exclusif et capital des laboureurs issus des vieilles familles.

Mr. Summer Maine, se reportant aux travaux des fonctionnaires anglais dans l'Inde et aux études de Von Maurer, résumées par mr. Morier, écrit à l'égard de la constitution des des communautés indiennes :

« L'Inde n'a rien qui corresponde à l'assemblée des adultes mâles, corps si remarquable parmi les anciens groupes teutoniques, sauf le conseil des anciens du village, que, du reste, on ne retrouve pas universellement.

« Il y a des villages où il arrive que les affaires de la communauté sont administrées, les coutumes interprétées, et les différends entre les membres tranchés par un seul chef dont, il est vrai, la fonction est considérée parfois comme élective. Mais le pouvoir est généralement conféré, dans la pratique, aux membres d'une famille particulière et, de préférence, à l'aîné mâle des parents, s'il n'a pas été spécialement disqualifié.

« Mais je ne me crois pas avoir assez d'autorité pour pouvoir dire que dans les parties de l'Inde où la communauté de village est plus parfaite, et là où il y a des signes évidents d'une égalité originelle de la propriété entre toutes les familles qui composent le groupe, l'autorité exercée ailleurs par le chef ne réside pas dans le conseil du village, qui est toujours vu comme un corps représentatif… Mais aucun exemple du gouvernement du village ou du district que puisse rappeler l'assemblée teutonique des adultes mâles libres, n'est arrivé à ma connaissance [1]. »

Cette dernière citation vaut qu'on s'y arrête.

Au cours de ce travail, le lecteur a déjà pu constater avec nous l'importance capitale du rôle rempli tant par les assemblées de province que par les assemblées de village dans l'Inde portugaise. Le développement et le maintien de leur influence semblent indéniables. Nous ne savons donc trop nous expliquer comment les jurisconsultes anglo-indiens n'ont trouvé trace dans aucun district de l'Inde britannique, d'une constitution sociale analogue! Admettrons-nous que tandis que les institutions primitives allaient s'affermissant chaque jour chez les hindous de Goa, elles s'affaiblissaient, elles tendaient à disparaitre dans le reste de la contrée? Mais alors, si les associations si fortement disciplinées que nous avons décrites ne sont pas d'essence nationale et générale parmis les peuples d'origine aryenne, si, dans la plupart des districts de l'Inde, elles n'ont vécu que d'une vie précaire, comment expliquer l'étonnante similitude qui existe entre les institutions en faveur à Goa et celles des communautés teutoniques?

Il y a mieux : comment expliquer que les dispositions du code de Manou concordent exactement avec les mœurs et les coutumes de cette seule province de Goa? Evidemment, le code de Manou ne s'appliquait pas seulement aux habitants d'une région isolée ; il devait être connu et accepté dans toute ou à peu près toute la presqu'île.

Bien que les recherches opérées par les fonctionnaires du service civil de l'Inde anglaise aient projeté une vive lumière sur le passé de la race aryenne, nous sommes donc convaincus qu'ils ne sont pas arrivés à élucider complètement la question. Nous attendons encore d'eux un tableau plus fidèle et plus achevé de la formation et du développement des communautés villageoises. S'il est permis à

---

[1] Maine, *The village-communities*.

l'auteur de ce travail d'apporter ici son faible témoignage personnel, il dira qu'ayant eu diverses occasions de voir de très près, dans l'Inde, fonctionner les conseils des hindous, il y a bien observé que plusieurs communautés groupées ensemble subissent d'ordinaire l'influence prépondérante d'un conseil des anciens ou celle d'un chefe, mais il ne saurait reconnaître ces corporations pour des communautés de village ; elles seraient plutôt des communautés de caste.

On sait que chaque caste indienne a son conseil des anciens, qui mène les affaires et tranche les litiges. Nous avons même constaté *de visu* que dans certaines localités du district de Daman, au nord de la ville de Bombay, ces conseils décidaient sur les affaires les plus graves : questions matrimoniales, expulsion de la caste de membres indignes, par exemple. Ces mêmes conseil n'hésitent pas à prendre des délibérations et à réclamer contre les empiétements des fonctionnaires portugais sur les privilèges séculaires de la caste ou sur des intérêts d'ordre purement matériel.

Suivant mr. Sumner Maine « le conseil des anciens du village n'ordonne rien, il déclare simplement ce qui a été toujours fait. »

Or, l'influence morale de la coutume et la force des traditions religieuses engagent les hindous à observer les vœux du conseil. Voilà exactement ce qu'on peut constater sur le conseil des anciens dans les castes indiennes, où il n'est pas rare, à la vérité, qu'un chef ou une famille puissante prédomine. Reste à savoir si une communauté basée, non sur des préjugés de caste, mais sur un grand intérêt matériel (comme la jouissance collective du sol) montrerait la même subordination ?

Evidemment, toutes les sociétés primitives ont la coutume pour seule loi ; dans les communautés de village indiennes, la tradition a quasi force de loi. Cependant d'assez bonne heure, la coutume a dû y être codifiée et transcrite. A l'époque de leurs conquêtes les portugais durent trouver dans les archives des communautés certaines prescriptions écrites qui servirent probablement à rédiger le coutumier de 1526.

Chaque village de l'Inde renferme plusieurs castes, et chaque caste habite un quartier spécial et possède son conseil des anciens.

Cela est bien différent de l'assemblée du village dont nous venons d'étudier le mécanisme. Dans le village, chaque caste indienne constitue une espèce de tribu; et nous croyons que les conseils de ces tribus ne revêtent pas un caractère autre que les conseils des anciens qui fonctionnent soit chez les tribus ou les clans sédentaires, soit chez les tribus qui mènent une vie nomade.

Mr. Sumner Maine, poursuivant sa remarquable étude comparative sur les communautés de village en occident et en orient, affirme que les groupes agricoles de l'Inde possèdent une série complète d'artisans de presque tous les corps de métiers, ce qui leur facilite la continuation de la vie collective sans l'assistance d'aucune personne ou corps étranger à la communauté.

«Outre le chef ou le conseil exerçant un pouvoir quasi judiciaire, quasi législatif, poursuivit le savant anglais, les communautés ont une police de village maintenant reconnue et payée dans certaines provinces par le gouvernement britannique; elles contiennent quelques familles qui exercent héréditairement certains métiers: le forgeront, le sellier, le cordonnier. On trouve aussi le brahmane pour l'accomplissement des cérémonies religieuses et encore la bayadère pour les réjouissances.»

Quelque réels que soient les faits annoncés par mr. Sumner Maine, il nous est impossible de ne pas formuler quelques réserves sur la façon dont cet écrivain les présente. Chacune des professions mentionnées par mr. Sumner Maine est exercée héréditairement et exclusivement dans l'Inde par des castes différentes.

Or, le brahame et le kchatria, pour ne citer que ceux-là, n'ont rien de commun avec ces castes inférieures qu'ils dédaignent. Dans cette Inde où le préjugé social est le véritable despote, despote plus impérieux que le plus impérieux des monarches, comment admettre que des individus de grades si différents se soient associés dans les mêmes conditions de droit et d'égalité pour former une communauté de village ? Le mépris, la haine que se portent mutuellement les castes, infirment cette thèse.

Dans les communautés des villages de l'Inde, le forgeron, le sellier, le cordonnier, etc... sont, ainsi que nous l'avons dit plus haut, des serviteurs engagés par les villageois moyennant gages.

De fait, les charges passent de père en fils, s'immobilisent dans les mêmes familles qui conservent ainsi indéfiniment la jouissance des terres accordées en retour du service public accompli, mais cela ne constitue pour les occupants aucun droit de propriété, ni aucun droit de se mêler aux affaires de la communauté.

Nous ne saurions trop insister sur ce point : l'idée de caste domine toute l'histoire des Hindous, c'est cette idée qui a cristallisé leur société. La communauté de village, la plus achevée de leurs formes politiques, ne pouvait donc échapper à cette terrible influence ; elle resta essentiellement homogène et exclusive.

La propriété maintenue rigoureusement en commun : tel fut le dogme fondamental des communautés rurales ; les serviteurs n'ont donc jamais eu l'ombre d'un droit de propriété sur la terre collective.

Les écrivains européens ne sonderont jamais complètement les profondeurs de l'abîme qui sépare les castes hindoues entr'elles ; c'est pour cela que lorsqu'ils s'occupent de l'Inde, ils tombent tous dans cette erreur de prendre les *serviteurs* pour des *associés*.

La force de l'esprit de caste est incommensurable. Si l'on ne se pénètre de cette vérité, l'on rencontrera à chaque pas dans l'histoire de l'Inde des phénomènes ou des évènements inexplicables.

Avant de quitter l'ouvrage de M. Sumner Maine, nous

prendrons la liberté de lui emprunter quelques intéressantes observations sur le rôle (que nous avons déjà esquissé) du greffier de l'assemblée villageoise.

« Il y a invariablement, dit M. Maine, un greffier du village, personnage important au milieu d'une population inculte, si important et si en vue, que d'après les rapports courants, les premiers fonctionnaires anglais chargés du recensement du territoire, le prirent parfois pour le seul propriétaire du sol ; mais les individus qui détiennent héréditairement ces emplois ne sont réellement que les serviteurs de la communauté, en même temps que ses membres participants. Le greffier est rémunéré, soit par une allocation en grains, soit (plus généralement) par l'assignation à sa famille d'une partie de la terre, dont la propriété demeure à l'association. »

C'est exactement ce qui se passait dans les communautés du pays de Goa où la puissance du *culcornim* (c'est le nom donné au greffier) alarma souvent les autres villageois. Nous avons sous les yeux des documents qui remontent aux années 1681 et suivantes. Ce sont des pétitions et des plaintes des cultivateurs hindous au roi de Portugal sur la conduite arbitraire et les extorsions des greffiers, des lettres royales aux vice-rois de l'Inde, et des jugements rendus par les tribunaux portugais contre les abus de ces fonctionnaires. — Par parenthèse, cela prouve une fois de plus, que l'institution des communautés de village ne florissait pas seulement dans l'Inde portugaise. La définition de M. Sumner Maine montre qu'elle existait sur d'autres points de la presqu'île, car si elle n'eût pas été identique, les fonctions du greffier ne l'eussent pas été davantage.

Récapitulons les faits :

Au fur et à mesure de leurs conquêtes, les Aryens qui descendirent du Pennjab dans les plaines de l'Hindoustan durent partager les terres entre des communautés qui s'y établirent à perpétuité. Suivant toutes les probabilités, les liens de parenté servirent de point de départ pour la constitution des localités ou pour la distribution de celles que les envahisseurs trouvèrent fondées par les populations indigènes. Chaque village resta propriété exclusive des nouveaux maîtres; les anciens habitants furent réduits en esclavage, ou au moins à l'état de servage; moyennant certaines prestations en nature, ils durent accepter les emplois inférieurs de la communauté, sans toutefois en jamais faire partie.

Echelon social immédiatement supérieur à la société domestique, la communauté de village ne devait point échapper à l'influence des idées qui dominaient à l'égard de l'organisation de la famille.

Du préjugé de la distinction des castes naquit le système de communicautés exclusivement brahmaniques ou Kchatrias; du principe de la communauté des biens dans la famille dut sortir le système de l'exploitation collective de la terre par les habitants maîtres du village.

Les affaires particulières de chaque communauté étaient réglées par une assemblée de tous les associés en âge de puberté. Tous les villageois pouvaient prendre part à la discussion, cependant les voix ne se décomptaient que par les titres des familles qui avaient constitué primitivement le groupe agricole et social. Les attributions de cette assemblée restaient principalement économiques.

La confédération de plusieurs villages formait la province dont une localité, où s'élevait le temple divin, était la capitale. C'était là que se réunissait l'assemblée provinciale, composée de deux députés par chaque village confédéré.

L'assemblée provinciale exerçait presque toujours les fonctions multiples du gouvernement général.

L'action du souverain sur les populations ne se faisait sentir que faiblement au moyen de *missi dominici*, chargés de ramasser les revenus de la couronne et aussi d'une sorte d'inspection sur les domaines royaux. L'aristocratie villageoise absorbait de fait toutes les fonctions administratives locales. Toutefois le pouvoir royal n'y restait pas étranger : en plus des émissaires spéciaux dont parlent les lois de Manou, le Roi rappelait souvent aux assemblées de province son droit de suzeraineté, surtout lorsqu'il avait besoin de nouvelles resources.

La situation des souverains indiens à l'égard de leurs sujets est comparable à celle des rois anglais des XVII et XVIII siècles, obligés de compter avec l'influence de la *gentry*. La royauté indienne est une entité effacée, mais encore vivante, encore entourée de respect, et capable de revendiquer ses droits, le cas échéant.

Telle fut, en résumé, l'ancienne constitution des communautés de village dans l'Inde; telle fut sous la forme la plus développée, l'organisation de la première institution politique commune à tous les peuples de la race indo-européenne; telle fut enfin l'aurore de l'évolution du système représentatif qui régit aujourd'hui tout le monde civilisé.

www.ingramcontent.com/pod-product-compliance
Lightning Source LLC
Chambersburg PA
CBHW060602050426
42451CB00011B/2042